BEI GRIN MACHT SICH IHR WISSEN BEZAHLT

AF152791

- Wir veröffentlichen Ihre Hausarbeit, Bachelor- und Masterarbeit

- Ihr eigenes eBook und Buch - weltweit in allen wichtigen Shops

- Verdienen Sie an jedem Verkauf

Jetzt bei www.GRIN.com hochladen und kostenlos publizieren

Manuel Neubach

Quanten-Fehlerkorrektur

GRIN Verlag

Bibliografische Information der Deutschen Nationalbibliothek:

Die Deutsche Bibliothek verzeichnet diese Publikation in der Deutschen National-
bibliografie; detaillierte bibliografische Daten sind im Internet über http://dnb.d-
nb.de/ abrufbar.

Impressum:

Copyright © 2002 GRIN Verlag GmbH
Druck und Bindung: Books on Demand GmbH, Norderstedt Germany
ISBN: 978-3-638-76641-8

Dieses Buch bei GRIN:

http://www.grin.com/de/e-book/59068/quanten-fehlerkorrektur

GRIN - Your knowledge has value

Der GRIN Verlag publiziert seit 1998 wissenschaftliche Arbeiten von Studenten, Hochschullehrern und anderen Akademikern als eBook und gedrucktes Buch. Die Verlagswebsite www.grin.com ist die ideale Plattform zur Veröffentlichung von Hausarbeiten, Abschlussarbeiten, wissenschaftlichen Aufsätzen, Dissertationen und Fachbüchern.

Quanten-Fehlerkorrektur

Seminararbeit

Universität Dortmund

von
Manuel Neubach
aus Essen

Dortmund 2002

Inhalt

1 Wozu braucht man eine Quanten-Fehlerkorrektur?

Es hat sich in den letzten Jahren gezeigt, dass man unter Ausnutzung quantenmechanischer Eigenschaften bestimmte Rechnungen auf Quanten-Computern im Vergleich zu klassischen Systemen deutlich beschleunigen kann. Obwohl die These, dass Quanten-Computer von klassischen Computern nicht in Polynomialzeit simuliert werden können, bisher unbewiesen ist, so deuten doch viele Erkenntnisse hierauf hin.

Was aber bei den bisher vorgestellten Quanten-Algorithmen immer stillschweigend vorausgesetzt wurde ist, dass in der Rechnung alle Operationen fehlerfrei ausgeführt werden bzw. die Fehlerwahrscheinlichkeit so gering ist, dass man sie vernachlässigen kann. Dies trifft vielleicht bei klassischen Systemen zu, die durch Verstärkung und Dissipation eine bemerkenswert hohe Stabilität erreichen, bei quantenmechanischen Systemen hingegen verhält es sich aber komplett anders.

Quanten-Rechner sind extrem anfällig gegen Rauschen und unpräzise Operationen. Zudem sind klassische Methoden zur Stabilisierung wie Dissipation und Verstärkung auf Quantenebene nicht anwendbar. Zusammengefasst heißt das, Fehler sind unvermeidbar und treten schon nach relativ kurzer Rechenzeit auf.Die Hauptursache für Quantenfehler sind Wechselwirkungen mit der Umgebung. Da Quanten-Computer nicht vollständig von der Umgebung isoliert werden können, ist das sogenannte Phänomen der Dekohärenz unvermeidbar. Lange Rechnungen sind also ohne weiteres nicht durchführbar auf Quanten-Computern, da früher oder später die Dekohärenz die im Quantenspeicher codierte Information zerstört. Der Ausweg heißt hier Quanten-Fehlerkorrektur. Fehlerkorrekturalgorithmen sind bereits bekannt aus klassischen Computersystemen und werden hier zum Beispiel benutzt um Informationen sicher über einen stark rauschbehafteten Kanal (noisy channel) zu transportieren. Solche Algorithmen können angepasst werden an die speziellen Eigenschaften quantenmechanischer Systeme und so die Fehlerwahrscheinlichkeit für Quantenspeicher senken.

Zusammenfassend lässt sich vor diesem Hintergrund also festhalten, dass Quanten-Fehlerkorrektur-Algorithmen praktisch unerlässlich sind, um irgendwelche längeren Berechungen auf Quanten-Computern sicher durchführen zu können.

2 Klassische Fehler vs. Quanten-Fehler

Um Fehler korrigieren zu können, sollte man zunächst mal wissen, welche Fehler überhaupt auftreten können. Bei einem klassischen Computer ist diese Frage einfach zu beantworten. Da alle Informationen in Ketten von Bits codiert sind brauchen wir nur ein einziges Bit exemplarisch zu betrachten: Ein Bit kann den Zustand 0 oder 1 haben. Insofern gibt es auch nur 2 mögliche Fehler bzw. lediglich eine Fehlerart. Eine 1 kann fälschlicherweise durch nicht näher bestimmte Umstände in den Zustand 0 kippen und umgekehrt kann ebenso eine 0 auf 1 kippen. Diese Art von Fehlern bezeichnet man als Bitflip-Fehler.

Bei Quanten-Computern hingegen stellt sich dieser Sachverhalt nicht so einfach dar. Zwar werden Informationen ähnlich wie im klassischen Fall als Ketten von QuBits dargestellt, die das Analogon zum klassischen Bit bilden, jedoch nehmen diese kleinsten Informationseinheiten nicht nur den Zustand 0 oder 1 an, sondern sind mathematisch gesehen nichts anderes als 2-dimensionale komplexe Vektoren bezüglich einer Orthonormal-Basis $\{|0>, |1>\}$. Ein QuBit $|\Psi>$ lässt sich also zum Beispiel folgendermaßen darstellen: $|\Psi>=\alpha|0>+\beta|1>$, wobei α, $\beta \in C$. Unsere klassischen BitFlip-Fehler findet man hier auch wieder: Aus dem QuBit $|0>$ kann fälschlicherweise das QuBit $|1>$ werden und ebenso kann die $|1>$ auf $|0>$ flippen. Darüber hinaus können sogenannte Phasen-Fehler auftreten, für die es im klassischen Fall kein Analogon gibt. Hierbei wird aus $|0>$ $|0>$ und aus $|1>$ $-|1>$ oder genauer: Die Superposition $\alpha|0>+\beta|1>$ wird transformiert in einen orthogonalen Zustand $\alpha|0>-\beta|1>$. Ein weiteres Problem sind „kleine Fehler": Da die Quanten-Information kontinuierlich ist, ist es möglich, dass ein QuBit, das im Zustand $|000>$ sein sollte, durch nicht näher bestimmte Einflüsse zum Beispiel in einen Zustand $|000>+\varepsilon|010>$ (bzw. $|111> \Rightarrow |111>-\varepsilon|101>$) wechselt, wobei ε eine betragsmäßig „kleine" Zahl ist. Bei ungünstigen Entwicklungen im Verlauf einer Rechung können sich diese kleinen Fehler akkumulieren und die stetig steigende Wahrscheinlichkeit eines „großen" Bitflip-Fehlers wird zu einem Problem werden.

3 Fehlerkorrektur zur Behebung von Bitflip-Fehlern

Jetzt, wo wir wissen mit welchen Fehlern wir es zu tun haben, können wir uns darüber Gedanken machen, wie wir diese vermeiden oder zumindest korrigieren können. Da wir nicht in der Lage sind, Fehler mit 100% Sicherheit zu vermeiden und dies auch zu weit in die hardwaretechnische Umsetzung geht, beschränken wir uns auf die Korrektur von bereits entstandenen Fehlern. Schauen wir uns zunächst die Art von Fehlern an, die wir auch schon vom klassischen Fall her kennen: Bitflip-Fehler. Das Korrigieren eines derartigen Fehlers im klassischen Fall stellt sich höchst einfach dar: Man flippt einfach das fehlerhafte Bit und hat damit den Fehler korrigiert. Dies ist deshalb so einfach weil es nur 2 Zustände gibt: Eine 1 die eigentlich eine 0 sein sollte können wir also reparieren durch Flippen der 1 auf 0. Umgekehrt geht es natürlich genauso. Die Frage, die sich aber in diesem Zusammenhang stellt, ist folgende: Woher wissen wir überhaupt, ob ein spezielles Bit fehlerhaft ist oder nicht? Die Antwort: Ohne zusätzliche Informationen über die zu schützenden Informationen hinaus zu speichern, können wir Fehler nicht erkennen. Wir müssen also zusätzliche Informationen speichern (in denen selbstverständlich weitere Fehler auftreten können), mit Hilfe derer wir erkennen können, ob sich ein Fehler eingeschlichen hat und, wenn dem so ist, auch wo.

Ein einfacher Fehlerkorrektur-Code für klassische Computer sieht folgendermaßen aus:

Die zu schützende Information bestehe aus lediglich einem Bit. Dies kann 0 oder 1 sein. Als zusätzliche Information die wir später zur Korrektur eines möglichen Fehler benutzen wollen, fügen wir zu diesem Bit noch 2 weitere hinzu, die den gleichen Zustand haben:

$$0 \Rightarrow (000)$$

bzw.

$$1 \Rightarrow (111)$$

Kippt nun das Bit (z.B. die 0 im ersten Fall auf 1), so haben wir im ungeschützten Fall die Information verloren, weil wir ja nicht wissen ob ein Fehler aufgetreten ist. Kippt eines der 3 Bits im geschützen Fall, z.B. das zweite, so ergibt sich folgende Situation:

$$(000) \Rightarrow (010)$$

Unter der Annahme, dass wirklich nur ein Bit gekippt ist können wir die Information wiederherstellen, indem wir die 3 Bits 010 betrachten, darauf die Majoritätsfunktion anwenden, die als Ergebnis 0 liefert, und konsequenterweise die 1 in eine 0 flippen:

$$(010) \Rightarrow (000)$$

Probleme treten auf, wenn in den 3 Bits 2 oder gleich alle 3 Bits aufgrund eines Fehlers flippen. Durch die Fehlerkorrektur würden wir dann also praktisch die Fehler begünstigen und das einzige richtige Bit (im Falle von 2 gekippten Bits) auch noch auf den falschen Wert flippen und vermeintlicherweise das Bit korrigiert haben.

Wie wahrscheinlich ist nun ein derartig unerwünschtes Verhalten?

Sei die Wahrscheinlichkeit für einen Fehler in einem Bit p. Die Wahrscheinlichkeit dafür, dass alle 3 Bits flippen ist dann $p*p*p=p^3$. Der Fall 2 von 3 Bits gekippt tritt mit Wahrscheinlichkeit $3*p^2*(1-p)$ auf, da es 3 verschiedene Kombinationen von 2 gekippten Bits gibt, wobei 2 Bits kippen (Wahrscheinlichkeit $p*p$) und das dritte konstant bleibt (Wahrscheinlichkeit $(1-p)$). Zusammengefasst ergibt sich also eine Wahrscheinlichkeit von $p^3+3p^2(1-p)=3p^2-2p^3$.

Ziel war es, die Wahrscheinlichkeit eines Fehlers in unserer Information zu senken durch den angewandten Wiederholungs-Code. Mit anderen Worten wäre $3p^2-2p^3<p$ wünschenswert. Dies ist der Fall für $p<1/2$. (Ist $p>1/2$ kann man kurioserweise durch Minority voting die Wahrscheinlichkeit eines Fehlers senken.)

Zusammengefasst kann man also sagen, dass durch das Hinzufügen zweier weiterer Bits die Information resistenter gegen Fehler geworden ist. Offensichtlich lässt sich eine beliebig kleine Fehlerwahrscheinlichkeit durch iteriertes Anwenden dieser Methode auf die hinzugefügten Bits erreichen, allerdings nähert sich die Fehlerwahrscheinlichkeit nur asymptotisch 0 an, erreicht also auch bei beliebig langen Wiederholungs-Codes niemals 0.

4 Shor's quantum error-correcting code

Shor's quantum error-correcting code aus dem Jahr 1995 ist eine Verallgemeinerung des klassischen 3-Bit-Wiederholungs-Codes. Daher kann man sich eng am zuvor vorgestellten klassischen Code orientieren. Diesmal will man jedoch QuBits schützen, geht dabei aber ersteinmal analog zum klassischen Fall vor, indem man jedes zu schützende QuBit durch 3 QuBits gleichen Zustands redundant darstellt:

$$|0> \Rightarrow |000>$$

$$|1> \Rightarrow |111>$$

Ein QuBit wird wie schon zuvor erwähnt als Superposition $\alpha|0>+\beta|1>$ aufgefasst daher wird es folgendermaßen geschützt:

$$\alpha|0>+\beta|1> \Rightarrow \alpha|000>+\beta|111>$$

Flippt nun ein Bit, zum Beispiel das mittlere, so erhalten wir folgende Situation:

$$\alpha|000>+\beta|111> \Rightarrow \alpha|010>+\beta|101>$$

Unglücklicherweise kann man aus quantenmechanischen Gründen nicht analog zum klassischen Fall vorgehen und einfach die 3 Bits messen und nach dem Majoritätsprinzip das falsche Bit flippen, denn jede Messung eines QuBits würde d e im Quantenzustand codierte Information stören. Dies ist aber auch gar nicht nötig, denn man kann mit Hilfe der Parity-Funktion den Ort des Fehlers exakt bestimmen ohne jemals ein QuBit gemessen zu haben und damit den Zustand der QuBits offenzulegen:

Sei der in den obigen Beispielen benutzte Vektor allgemein |xyz>. Dann bildet man einen neuen Vektor (y xor z, x xor z). Dieser Vektor gibt - als Binärzahl interpretiert - die Position des aufgrund eines Fehlers geflippten Bits an. Beispielsweise ergibt sich im Fall eines Fehlers im mittleren Bit folgende Situation:

$$\alpha|000>+\beta|111> \Rightarrow \alpha|010>+\beta|101>$$

(y xor z, x xor z) liefert in diesem Beispiel (1,0), bei Interpretation als Binärzahl in Dezimal also 2. Zur Korrektur muss man also wieder wie im klassischen Fall das zweite Bit flippen. Beim Vektor (y xor z, x xor z) spricht man in diesem Kontext von einem *Syndrom*, welches anzeigt wo sich der Fehler befindet.

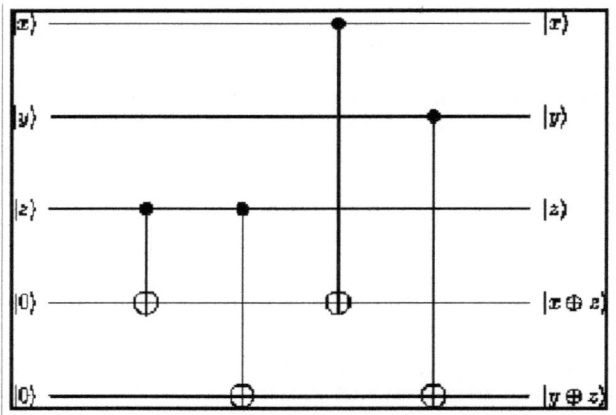

Quantum circuit verifying 3-bit repetition code against any bit flip errors [CN00]

Eine offene Frage ist noch wie das Flippen konkret durchgeführt wird. Hierzu benutzt man mathematisch die sogenannten Pauli-Matrizen (die Quanten-Gattern entsprechen), speziell zur Behebung eines BitFlip-Fehlers die Pauli-Matrix $X = \begin{pmatrix} 0 & 1 \\ 1 & 0 \end{pmatrix}$: Diese Matrix angewendet auf einen Vektor $\begin{pmatrix} \alpha \\ \beta \end{pmatrix}$ liefert den geflippten Vektor

$$\begin{pmatrix} 0 & 1 \\ 1 & 0 \end{pmatrix}\begin{pmatrix} \alpha \\ \beta \end{pmatrix} = \begin{pmatrix} \beta \\ \alpha \end{pmatrix}.$$

(Eine Superposition $\alpha|0>+\beta|1>$ ist ja nichts anderes als der Vektor $\begin{pmatrix} \alpha \\ \beta \end{pmatrix}$ und das Ergebnis $\begin{pmatrix} \beta \\ \alpha \end{pmatrix}$ nach Anwendung der Pauli-Matrix X ist in Ket-Notation gerade $\alpha|1>+\beta|0>$.)

Wir halten also fest, dass es möglich ist, die Position eines Bitflip-Fehlers zu diagnostizieren ohne je ein QuBit zu messen und damit die codierte Information zu stören. Die gleichen wahrscheinlichkeitstheoretischen Überlegungen wie im Kapitel zuvor belegen, dass eine beliebig kleine Fehlerwahrscheinlichkeit durch längere Wiederholungs-Codes erreicht werden kann. Allerdings vernachlässigen wir hierbei einige Aspekte, zum Beispiel nehmen wir an, dass der Wiederherstellungsprozess (also die Fehlerkorrektur selbst) fehlerlos abläuft, was aber in Wirklichkeit nicht garantiert werden kann, da die Quanten-Gatter schon nicht perfekt implementiert werden können.

5 „Kleine Fehler"

Nachdem wir nun Methoden haben um Bitflip-Fehlern zu begegnen und deren Wahrscheinlichkeit unter jede Schranke zu senken, können wir nun die Fehler quantenmechanischer Natur angehen.

Betrachten wir zunächst „kleine Fehler", bei denen das 3-QuBit $\alpha|000>+\beta|111>$ in einen Zustand wechselt, der um einen Fehler der Größenordung ε zum Original abweicht. Also zum Beispiel:

$$\alpha|000>+\beta|111> \Rightarrow \alpha(|000>+\varepsilon|010>)+\beta(|111>-\varepsilon|101>)$$

In gewissem Sinn handelt es sich also um einen „schwachen" Bitflip-Fehler, denn $\alpha|000>+\beta|111>$ wechselt nicht direkt in $\alpha|010>+\beta|101>$, sondern nähert sich diesem Zustand nur schwach an, da es sich bei ε um eine typischerweise betragsmäßig sehr „kleine" Zahl handelt. Glücklicherweise benötigt man hierfür keinen weiteren FehlerCode sondern kann die oben beschriebene Methode zur Bitflip-Fehlerkorrektur direkt übernehmen. Misst man nämlich unseren Vektor (y xor z, x xor z), so liefert dieser mit hoher Wahrscheinlichkeit (P=1-$|\varepsilon|^2$) das Ergebnis (0, 0) und mit einer kleinen Wahrscheinlichkeit (P=$|\varepsilon|^2$) das Ergebnis (1, 0). Welche Informationen gewinnen wir hieraus? Im ersten Fall ((0, 0)) sagt uns das Syndrom, dass alle Bits gleich sind, sich also kein Fehler eingeschlichen hat. Darüberhinaus hat sich durch den Vergleich der Bits mittels der Parity-Funktion aber der Zustand des 3-QuBits verändert, denn durch die Messung bleibt dem 3-QuBit keine andere Möglichkeit mehr als in den Zustand $\alpha|000>+\beta|111>$ zu wechseln. Dieser willkommene Nebeneffekt führt also dazu, dass wir den Fehler der Größenordnung ε eliminiert haben. Kommen wir zum zweiten Fall (unser Syndrom liefert das Ergebnis (1, 0)), dies bedeutet jedoch, dass durch die Messung das 3-QuBit - trotz des relativ kleinen Fehlers der Größenordnung ε - in den Zustand $\alpha|010>+\beta|101>$ gewechselt ist. Hier greift nun Shor's Bitflip-Error-Code, denn das Syndrom indiziert uns, dass im zweiten Bit ein Bitflip-Fehler aufgetreten ist und korrigiert den Fehler durch Flippen des entsprechenden Bits. Zusammengefasst sind wir unabhängig von dem aufgetretenen Fall am Ende wieder im korrekten Zustand $\alpha|000>+\beta|111>$. (Selbstverständlich weiterhin unter der Voraussetzung, dass in 3 Bits auch wirklich nur maximal 1 Fehler auftritt.) Auch sollte man hier festhalten, dass das Kontinuum der unendlich vielen möglichen „kleinen" Fehler abgebildet wird auf ein diskretes Set von 2 Fehlerarten, das heißt im einen Fall wird ein kleiner Fehler abgebildet auf den Zustand, in dem kein Fehler enthalten ist, im anderen Fall wird der kleine Fehler verstärkt, so dass es zu einem „großen" Bitflip-Fehler kommt, den wir aber mit unserem Wissen aus dem vorigen Kapitel korrigieren können.

6 Ein Code zur Behebung von Phasen-Fehlern

Die andere typisch quantenmechanische Fehlerart stellen die Phasen-Fehler dar. Bei Phasen-Fehlern wird die Superposition $\alpha|0>+\beta|1>$ transformiert in den orthogonalen Zustand $\alpha|0>-\beta|1>$. Wie schützen wir also unsere Information gegen derartige Fehler? Auch hier können wir uns nicht an ähnlichen klassischen Phänomenen orientieren, jedoch sollte es außer Frage stehen, dass es nur durch Hinzufügen redundanter Bits möglich ist. Auch für dieses Problem hat Shor einen fehlerkorrigierenden Code vorgestellt, der die einzelnen Phasen der QuBits durch Hinzufügen weiterer QuBits redundant darstellt:

$$|0> \Rightarrow \frac{1}{2^{\frac{3}{2}}}(|000>+|111>)(|000>+|111>)(|000>+|111>)$$

$$|1> \Rightarrow \frac{1}{2^{\frac{3}{2}}}(|000>-|111>)(|000>-|111>)(|000>-|111>)$$

Shor hat also jedes zu schützende QuBit durch 9 QuBits dargestellt, wobei sowohl die Phasen als auch die einzelnen QuBits selbst dreifach dargestellt sind. Das heißt mit diesem Code sind nicht nur die Phasen durch die 3 Cluster ($|000>+|111>$) bzw. ($|000>-|111>$) geschützt gegen Phasen-Fehler, sondern auch die QuBits eines jeden Clusters gegen Bitflip-Fehler. (Hierfür wurde natürlich die bereits oben diskutierte Methode der Wiederholungscodes benutzt.)
Was passiert nun im Fall eines Phasen-Fehlers?

$$|000>+|111> \Rightarrow |000>-|111>$$

$$|000>-|111> \Rightarrow |000>+|111>$$

Dies sind die beiden möglichen Fälle, in denen ein Phasen-Fehler (in einem der drei Cluster) aufgetreten ist. Das Problem ist nun die Position dieses Fehlers zu bestimmen. Hierbei können wir aus quantenmechanischen Gründen (wie schon bei der Methode zur Behandlung von Bitflip-Fehlern) nicht die einzelnen Phasen messen, da dies zu Informationsverlust führt. Der Ausweg ist der gleiche wie bei der Bitflip-Fehler-Behandlungsmethode: Statt die QuBits (bzw. Phasen) selbst zu messen (und damit zwingend ihren Zustand offenzulegen), vergleicht man die Phasen der verschiedenen Cluster und findet so die Position des Clusters heraus, dessen Phase anders ist, als die der zwei übrigen. Man braucht also wieder nicht die Phase selbst zu kennen, sondern nur die relativen Phasen zweier Cluster zu vergleichen und gibt den codierten Informationen so den Freiraum entweder 0 oder 1 zu sein, sich also nicht festlegen zu müssen.
Eine praktische Möglichkeit der Phasen-Fehlerkorrektur ist durch folgende Beobachtung gegeben: Phasen-Fehler in der Standardbasis {$|0>$, $|1>$} entsprechen Bitflip-Fehlern in der rotierten Basis $\{\frac{1}{\sqrt{2}}(|0>+|1>), \frac{1}{\sqrt{2}}(|0>-|1>)\}$.

Man braucht also nur eine Transformation von der Standardbasis in diese neue Basis und kann dann Phasen-Fehler wie Bitflip-Fehler behandeln. Zur

Transformation wendet man die bereits bekannte Hadamardmatrix $H = \frac{1}{\sqrt{2}}\begin{pmatrix} 1 & 1 \\ 1 & -1 \end{pmatrix}$ an.

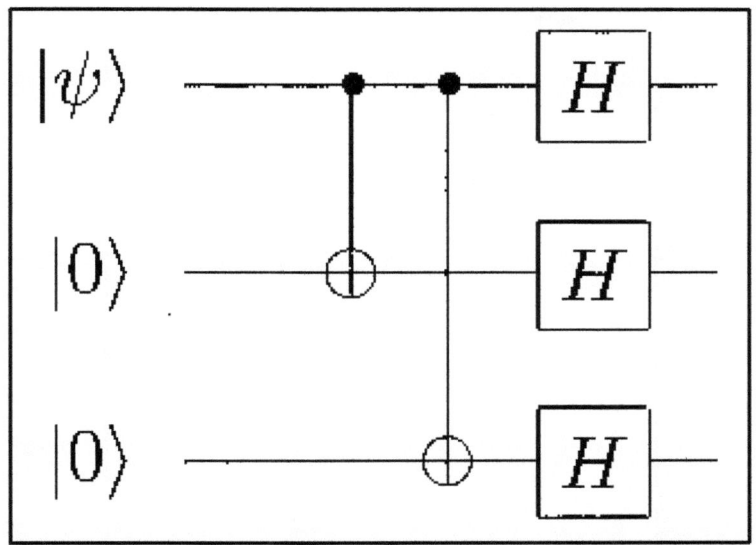

Quanten-Schaltkreis zur Transformation eines QuBits in die rotierte Basis inklusive Triple-Redundanz [CN00]

Mathematisch benutzt man zur eigentlichen Korrektur wieder die Pauli-Matrizen, speziell die Matrix $Z = \begin{pmatrix} 1 & 0 \\ 0 & -1 \end{pmatrix}$. Wendet man diese Matrix auf eine Superposition $\alpha|0>-\beta|1>=\begin{pmatrix} \alpha \\ -\beta \end{pmatrix}$ an, so ergibt sich:

$$\begin{pmatrix} 1 & 0 \\ 0 & -1 \end{pmatrix}\begin{pmatrix} \alpha \\ -\beta \end{pmatrix}=\begin{pmatrix} \alpha \\ \beta \end{pmatrix}$$ bzw. in Ket-Notation: $\alpha|0>+\beta|1>$,

also genau den zu $\alpha|0>-\beta|1>$ orthogonalen Vektor, der durch einen Phasen-Fehler zu $\alpha|0>-\beta|1>$ wechselte.

Zum Abschluss noch ein Bild des Quanten-Schaltkreis', der den kompletten Shor-Code implementiert. Man sieht, dass das QuBit ψ redundant durch 9 QuBits aufgeteilt in 3 Clustern dargestellt wird. Jedes einzelne Cluster besteht aus 3 QuBits im selben Zustand, um Tripel-Bit-Redundanz gegen Bitflip-Fehler zu garantieren, welche dann in jedem Cluster separat ausgenutzt werden kann, um mittels des Syndrom-Schaltkreises ein fehlerhaftes QuBit zu erkennen. Durch Anwendung des Syndrom-Schaltkreises auf die verschiedenen Cluster können Phasenfehler indiziert werden, die sich in der rotierten Basis einfach als Bitflip-Fehler behandeln lassen.

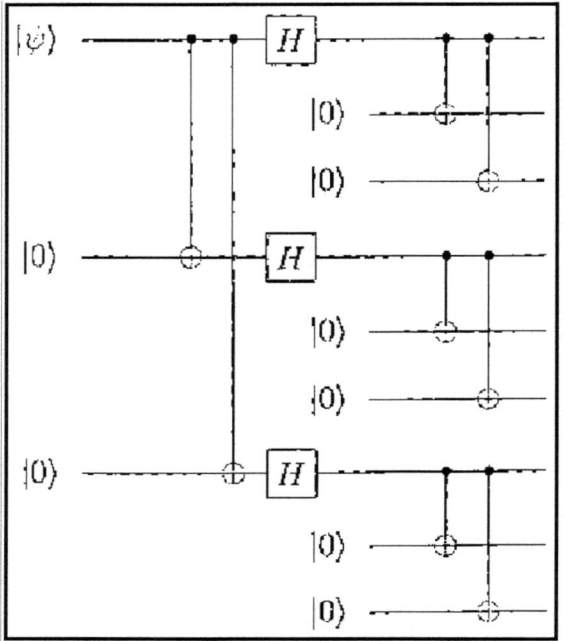

Quantum circuit to encode the Shor code [CN00]

7 Einige Eigenschaften von fehlerkorrigierenden Codes

In den vorhergehenden Kapiteln, haben wir zunächst beispielhaft einen Quantenfehlerkorrigierenden Code nach Shor vorgestellt, der zunächst nur in der Lage war Bitflip-Fehler und kleine Fehler zu korrigieren. Durch eine Erweiterung war es möglich die codierte Information eines jeden QuBits durch 9 QuBits so redundant darzustellen, dass zusätzlich auch Fehler der dritten Klasse, nämlich Phasen-Fehler, diagnostiziert und korrigiert werden konnten. In der klassischen Fehlerkorrektur gibt es unzählige solcher fehlerkorrigierender Codes. Was unterscheidet diese Codes? Gibt es Qualitätsmerkmale die einen Code besser als einen anderen machen? Diesen Fragen werden wir im aktuellen Kapitel nachgehen.

Es gibt drei wesentliche Eigenschaften durch die sich ein Quantenfehlerkorrigierender Code auszeichnet. Diese können als Tripel $[[n, k, d]]$ aufgefasst werden, wobei k die Anzahl der codierten QuBits, n die Blocklänge (also die Anzahl der QuBits die der Code benötigt um k QuBits zu schützen) und d schließlich die „Distanz" angibt. Die *Distanz* ist dabei die minimale Distanz zweier Vektoren. Als Abtsandsbegriff verwendet man hier die sogenannte Hamming-Distanz, die sich aus der Zahl der differierenden Positionen zweier Vektoren ergibt. Auf die Distanz möchte ich nicht detaillierter eingehen, es sei lediglich folgende Beziehung erwähnt: Ein Code mit minimaler Distanz d=2t+1 ist t-fehlerkorrigierend (Wobei hierbei angenommen wird, dass keine zusätzlichen Informationen über den Ort der Fehler ausgenutzt werden können.)

Es sollte klar sein, dass Codes um so besser sind, je kleiner die benötigte Blocklänge n, je größer die Zahl der codierten QuBits k und je größer die Distanzzahl d, die direkt mit der Anzahl t der korrigierbaren Fehler korrespondiert, ist.
Wie ordnet sich hier Shor's quantum error-correcting code ein? In der Tat handelt es sich um einen $[[9, 1, 3]]$ Code, da ein codiertes QuBit (k=1), durch 9 QuBits redundant dargestellt wird (Blocklänge n=9) und das codierte QuBit durch diese Darstellung damit geschützt ist gegen einen einzelnen Fehler (egal welcher Art) (t=1).

Ist das nun ein guter oder eher schlechter Code? Um diese Frage zu beantworten braucht man Vergleichswerte. Steane hat zum Beispiel einen fehlerkorrigierenden Code vorgestellt, der vom Typ $[[7,1,3]]$ ist, also bei ansonsten gleichen Qualitätsdaten wie Shor's Code lediglich Blocklänge 7 benötigt. Ist dies das Optimum? Wenn nicht, wie viel besser kann ein fehlerkorrigierender Code noch werden? Es ist also nach einer unteren Schranke gefragt. Und diese „Hamming Bound" existiert tatsächlich, ist im Wesentlichen auch schon von der klassischen Theorie fehlerkorrigierender Codes bekannt.

8 Die Quantum Hamming Bound

Wie bereits im Kapitel zuvor angedeutet handelt es sich bei der Quantum Hamming Bound um eine Schranke dafür, wie gut ein Code bestenfalls sein kann, macht jedoch keine Aussage darüber ob ein derartig optimaler Code tatsächlich existiert. Zunächst setzen wir voraus, dass wir uns beschränken auf sogenannte non-degenerated codes, das heißt Codes, die jedem möglichen Fehler ein unterschiedliches Syndrom zuweisen, an dem er zu erkennen ist. Insbesondere gehen wir hierbei davon aus, dass der Code keine Syndrome feststellt, die auf eine Kombination von 2 oder mehr Fehlern beruhen.
Sei also ein [[n, k, d]] Code gegeben mit d=2t+1 (Also einen Code, der in der Lage ist t Fehler zu korrigieren.) Wie viele verschiedene Fehler bis Gewicht t können nun auftreten bei gegebener Blocklänge n für ein betrachtetes Codewort? Wir haben schon gesehen, dass es 3 verschiene Fehlerarten gibt (BitFlip-, kleine und Phasen-Fehler). Wenn wir annehmen, dass j Fehler in einem Block der Länge n auftreten, so ergeben sich hierfür $\binom{n}{j}$ Möglichkeiten die Fehler auf die n QuBits aufzuteilen. Da jedes QuBit 3 mögliche Fehler beinhalten kann summiert sich dies insgesamt auf zu:

$$N(t) = \sum_{j=0}^{t} 3^j \binom{n}{j}$$

N(t) gibt also die Anzahl der möglichen Fehler bis zum „Gewicht" t für ein betrachtetes Codewort an. Das Gewicht t gibt dabei an, auf wie vielen QuBits die entsprechende Pauli-Matrix, welche zur Korrektur eingesetzt wird, gleichzeitig arbeitet.
Aus Dimensionsgründen des zugrundeliegenden Hilbertraums lässt sich nun folgende Formel herleiten:

#Fehler * #verschiedener gültiger Codewörter ≤ Dimension des Hilbertraums

Eingesetzt ergibt sich:

$$(\sum_{j=0}^{t} 3^j \binom{n}{j}) * 2^k \leq 2^n$$

Die Anzahl verschiedener Fehler N(t) wurde bereits oben hergeleitet. Die Anzahl gültiger Codewörter bei k codierten QuBits liegt bei 2^k. Die Dimension des zugrundeliegenden Hilbertraums ist 2^n, da wir einen Code betrachten, der die k codierten QuBits in n QuBits (Blocklänge n) redundant darstellt.
Durch Termumformung ergibt sich die sogenannte Quantum Hamming Bound:

$$\sum_{j=0}^{t} 3^j \binom{n}{j} \leq 2^{n-k}$$

Eine ähnliche Schranke existiert auch für klassische Codes, allerdings ist dann der Vorfaktor 3^j durch 1 zu ersetzen, da es bei klassischen Codes nur eine mögliche Fehlerart gibt, nämlich die Bitflip-Fehler.
Überprüfen wir, wie nah Shor's Quantum error-correcting code an diese Schranke kommt. Wie gesagt handelt es sich um einen [[9, 1, 3]] Code, da ein codiertes QuBit (k=1), durch 9 QuBits redundant dargestellt wird (Blocklänge n=9) und somit gegen

einen Fehler (Distanz=3) geschützt ist. Welche Blocklänge n muss ein gleichwertiger Code, also ein [[n,1,3]]-Code, nach der Quantum Hamming Bound nun mindestens haben? Eingesetzt in die Ungleichung der Hamming Bound ergibt sich mit k=t=1:

$$\sum_{j=0}^{1} 3^j \binom{n}{j} \leq 2^{n-1}$$

$$\Leftrightarrow 1 + 3n \leq 2^{n-1}$$

Offensichtlich ist diese Gleichung erst für $n \geq 5$ erfüllt. Also liegt Shors Blocklänge 4 über dem Optimum, sofern ein [[5,1,3]]-Code existiert. Allerdings sollte man im Hinterkopf behalten, dass die Quantum Hamming Bound lediglich für non-degenerative Codes gilt, es könnte also sein, dass ein degenerative Code mit noch kleinerer Blocklänge existiert, obwohl man bisher noch keine degenerative Codes kennt, die die Quantum Hamming Bound verletzen.

9 Zusammenfassung und Ausblick

Abschließend lässt sich sagen, dass Quanten-Fehlerkorrektur notwendig ist für einen hinreichend leistungsfähigen Quanten-Rechner und auch möglich. Es wurden die 3 verschiedenen Fehlerklassen erläutert und gezeigt, dass zum Beispiel mit Hilfe von Shor's Code jeder Fehler korrigierbar ist. Weiterhin wurde auf die Effizienz der verschiedenen Quanten-Fehlerkorrektur-Codes eingegangen und auch eine untere Schranke für non-degenerative Codes hergeleitet.

Es wurden jedoch einige Voraussetzungen gemacht, die so nicht stimmen. Zum Beispiel, dass Quanten-Gatter perfekt implementiert werden können. Dies ist nicht der Fall. Jedoch kann man zeigen, dass auch dieses Problem lösbar ist, und die Quanten-Fehlerkorrektur-Codes nicht mehr Informationen zerstören durch nicht perfekte Messungen und falsche Fehlerkorrektur aufgrund unpräziser Gatter als sie korrigieren.

10 Literatur- und Quellenverzeichnis

J. Preskill, Quantum computation, 2000-01. Lecture notes for course Physics 219/Computer Science 219 (formerly Physics 229)

M. Nielsen and I. Chuang, Quantum Computation and Quantum Information, Cambridge University Press, 2000 [CN00]

O. Schulz, Quanten-Fehlerkorrektur (QEC) (http://fuj.physik.uni-dortmund.de/~suter/Seminare/QC_Seminar_WS00/)

P. Shor, Fault-Tolerant Quantum Computation (http://xxx.lanl.gov/abs/quant-ph/9605011)

P. Shor, Scheme for reducing decoherence in quantum memory (http://www.theory.caltech.edu/people/preskill/ph229/shor_error.ps)